Impressum
Verlag: BABADADA GmbH, Nedderfeld 112 , 22529 Hamburg
Geschäftsführer / Verlagsleitung: Harald Hof
Druck: Books on Demand GmbH, In de Tarpen 42, 22848 Norderstedt

Imprint
Publisher: BABADADA GmbH, Nedderfeld 112 , 22529 Hamburg, Germany
Managing Director / Publishing direction: Harald Hof
Print: Books on Demand GmbH, In de Tarpen 42, 22848 Norderstedt

škola

l'école

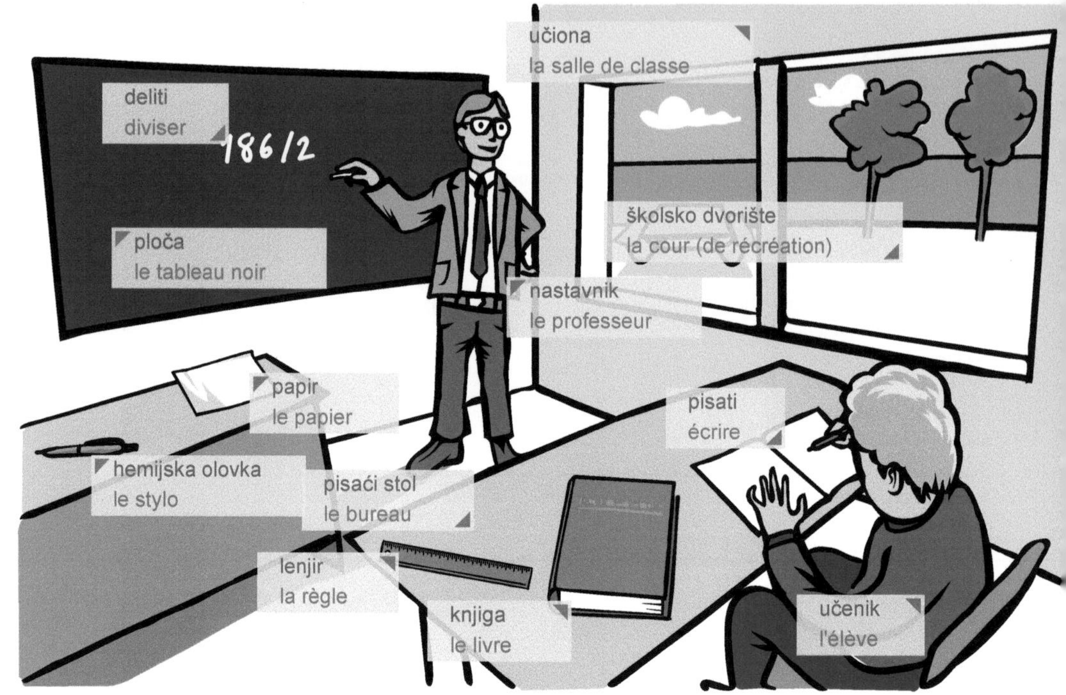

učiona
la salle de classe
deliti
diviser
186/2
ploča
le tableau noir
školsko dvorište
la cour (de récréation)
nastavnik
le professeur
papir
le papier
pisati
écrire
hemijska olovka
le stylo
pisaći stol
le bureau
lenjir
la règle
knjiga
le livre
učenik
l'élève

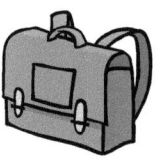

torba

le cartable

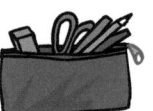

pernica

la trousse

grafitna olovka

le crayon

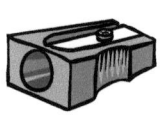

šiljilo za olovke

le taille-crayon

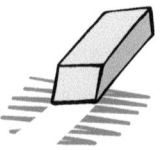

gumica za brisanje

la gomme

blok za crtanje

le carnet à dessin

crtež

le dessin

kist

le pinceau

kutija sa bojama

la boîte de peinture

makaze

les ciseaux

lepilo

la colle

beležnica

le cahier d'exercices

domaći zadatak

les devoirs

broj

le chiffre

sabirati

additionner

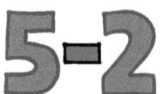

oduzimati

soustraire

množiti

multiplier

računati

calculer

slovo

la lettre

abeceda

l'alphabet

reč

le mot

tekst

le texte

čitati

lire

kreda

la craie

čas

la leçon

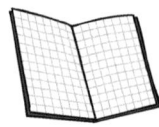

dnevnik

le livre de classe

ispit

l'examen

svedočanstvo

le certificat

školska uniforma

l'uniforme scolaire

obrazovanje

la formation

leksikon

le lexique

univerzitet

l'université

mikroskop

le microscope

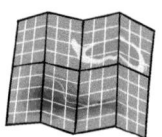

karta

la carte

košara za papir

la corbeille à papier

putovanje
le voyage

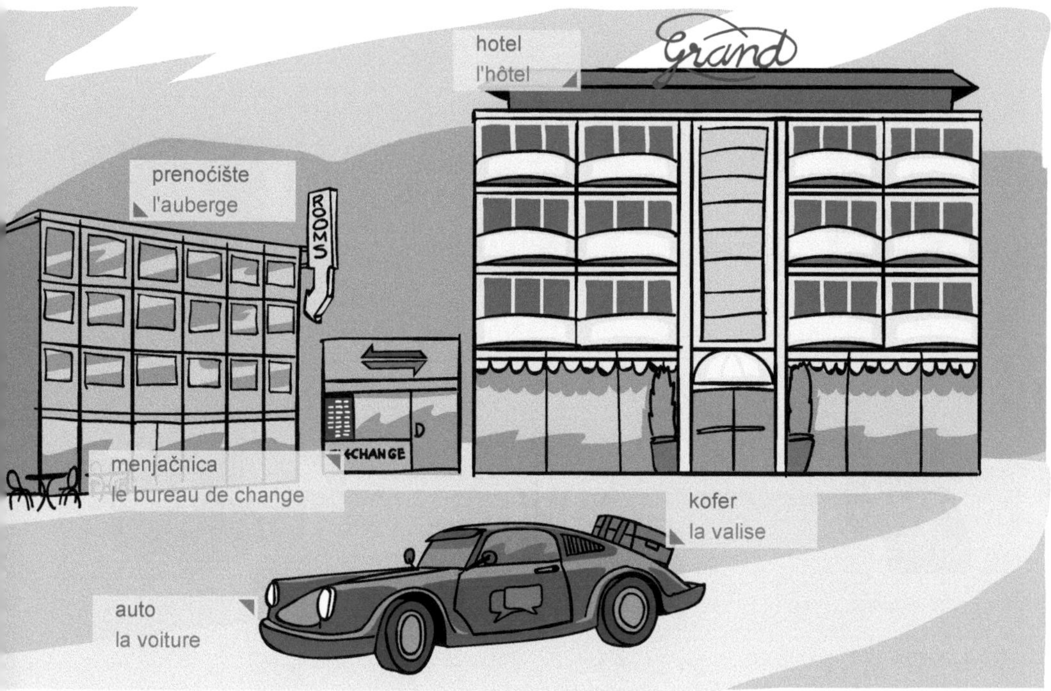
hotel
l'hôtel
Grand
prenoćište
l'auberge
ROOMS
menjačnica
le bureau de change
kofer
la valise
auto
la voiture

jezik

la langue

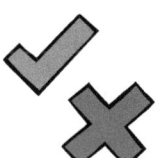

da / ne

oui / non

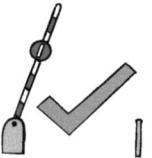

okej

d'accord

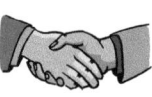

zdravo

Salut

prevodilac

l'interprète

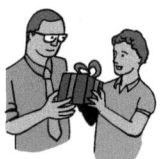

hvala

merci

Koliko košta...?

Combien coûte...?

ne razumem

Je ne comprends pas

problem

le problème

dobro veče!

Bonsoir !

Dobro jutro!

Bonjour !

Laku noć!

Bonne nuit !

doviđenja

Au revoir

smer

la direction

prtljaga

les bagages

torba

le sac

ruksak

le sac-à-dos

gost

l'hôte

soba

la pièce

vreća za spavanje

le sac de couchage

šator

la tente

turističke informacije

l'office de tourisme

plaža

la plage

kreditna kartica

la carte de crédit

doručak

le petit-déjeuner

ručak

le déjeuner

večera

le dîner

karta za vožnju

le billet

lift

l'ascenseur

poštanska markica

le timbre

granica

la frontière

carina

la douane

ambasada

l'ambassade

viza

le visa

pasoš

le passeport

transport
le transport

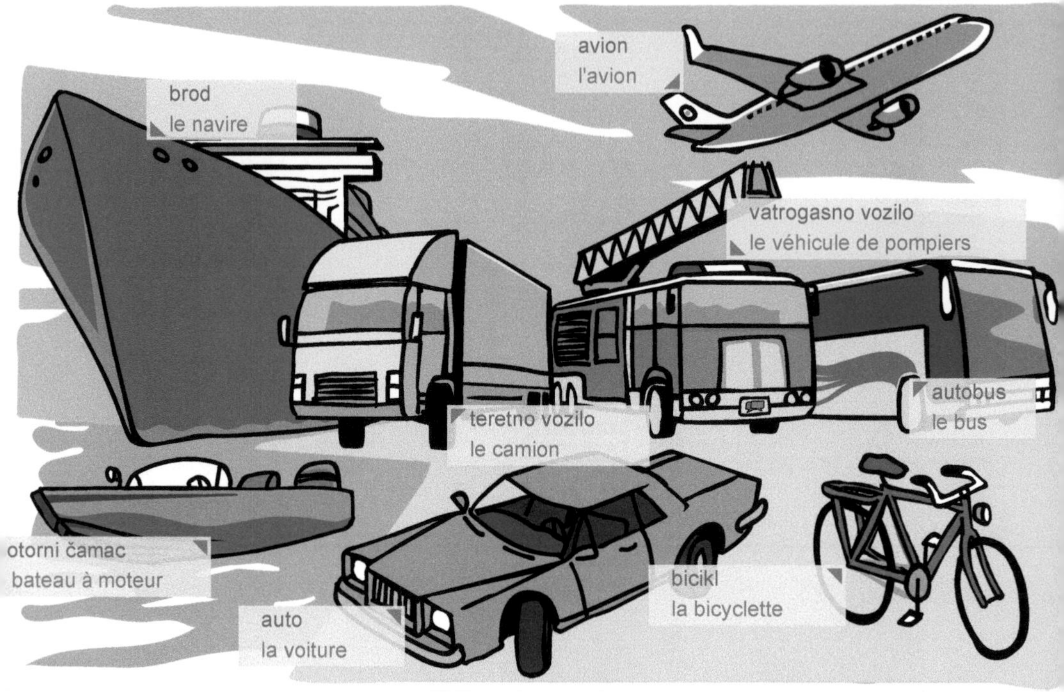
avion
l'avion
brod
le navire
vatrogasno vozilo
le véhicule de pompiers
autobus
le bus
teretno vozilo
le camion
otorni čamac
bateau à moteur
bicikl
la bicyclette
auto
la voiture

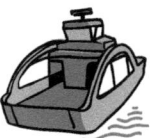

trajekt

le ferry

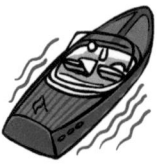

čamac

la barque

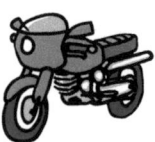

motocikl

la moto

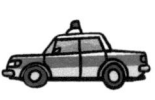

policijski auto

la voiture de police

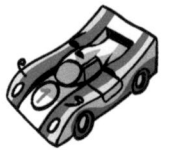

trkaći auto

la voiture de course

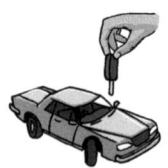

iznajmljeno auto

la voiture de location

delenje automobila

l'auto-partage

vučno vozilo

la voiture de remorquage

vozilo za odvoz smeća

la benne à ordures

motor

le moteur

benzin

l'essence

benzinska stanica

la station d'essence

saobraćajni znak

le panneau indicateur

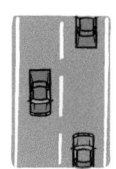

saobraćaj

le trafic

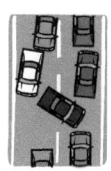

zastoj

l'embouteillage

parkiralište

le parking

železnička stanica

la gare

šine

les rails

voz

le train

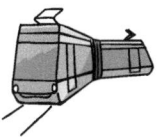

tramvaj

le tramway

vagon

le wagon

helikopter

l'hélicoptère

aerodrom

l'aéroport

kula

la tour

putnik

le passager

kontejner

le conteneur

karton

le carton

kolica

le chariot

korpa

la corbeille

uzleteti / sleteti

décoller / atterrir

grad

la ville

selo

le village

centar grada

le centre-ville

kuća

la maison

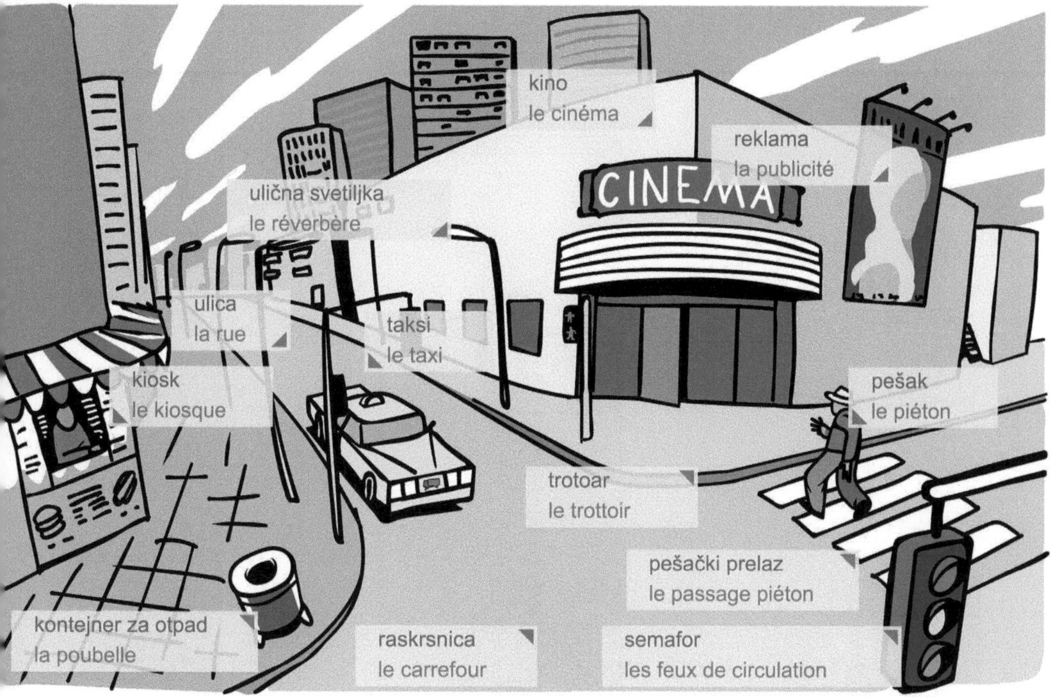
kino
le cinéma
reklama
la publicité
CINEMA
ulična svetiljka
le réverbère
ulica
la rue
taksi
le taxi
kiosk
le kiosque
pešak
le piéton
trotoar
le trottoir
pešački prelaz
le passage piéton
kontejner za otpad
la poubelle
raskrsnica
le carrefour
semafor
les feux de circulation

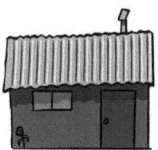

koliba

la cabane

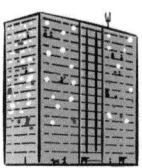

stan

l'appartement

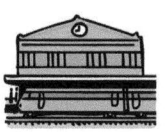

železnička stanica

la gare

većnica

la mairie

MUSEUM

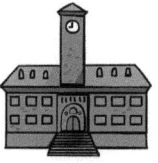

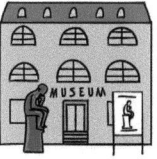

muzej

le musée

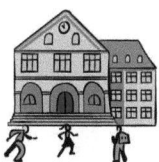

škola

l'école

univerzitet

l'université

banka

la banque

bolnica

l'hôpital

hotel

l'hôtel

apoteka

la pharmacie

kancelarija

le bureau

knjižara

la librairie

prodavnica

le magasin

cvećara

le fleuriste

supermarket

le supermarché

trg

le marché

robna kuća

le grand magasin

ribarnica

la poissonnerie

trgovački centar

le centre commercial

luka

le port

park
le parc

klupa
la banque

most
le pont

stepenice
les escaliers

podzemna železnica
le métro

tunel
le tunnel

autobuska stanica
l'arrêt de bus

bar
le bar

restoran
le restaurant

poštansko sanduče
la boîte à lettres

ulični znak
le panneau indicateur

parkirni automat
le parcmètre

zoološki vrt
le zoo

bazen
le réverbère

džamija
la mosquée

seosko gazdinstvo
la ferme

zagađenje okoline
la pollution

groblje
la cimetière

crkva
l'église

igralište
l'aire de jeux

hram
le temple

pejsaž
le paysage

list
la feuille

putokaz
le panneau indicateur

put
le chemin

livada
le pré

kamen
la pierre

drvo
l'arbre

šetač
le randonneur

reka
la rivière

trava
l'herbe

cvijet
la fleur

dolina

la vallée

planina

la montagne

jezero

le lac

šuma

la forêt

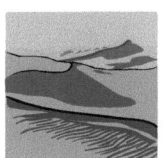

pustinja

le désert

vulkan

le volcan

dvorac

le château

duga

l'arc-en-ciel

gljiva

le champignon

palma

le palmier

moskito

le moustique

muva

la mouche

mrav

les fourmis

pčela

l'abeille

pauk

l'araignée

buba

le coléoptère

žaba

la grenouille

veverica

l'écureuil

jež

le hérisson

zec

le lièvre

sova

la chouette

ptica

l'oiseau

labud

le cygne

divlja svinja

le sanglier

jelen

le cerf

los

l'élan

nasip

le barrage

vetrenjača

l'éolienne

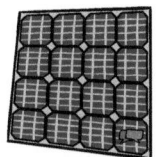

solarna ploča

le panneau solaire

klima

le climat

restoran
le restaurant

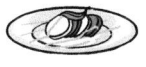

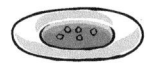

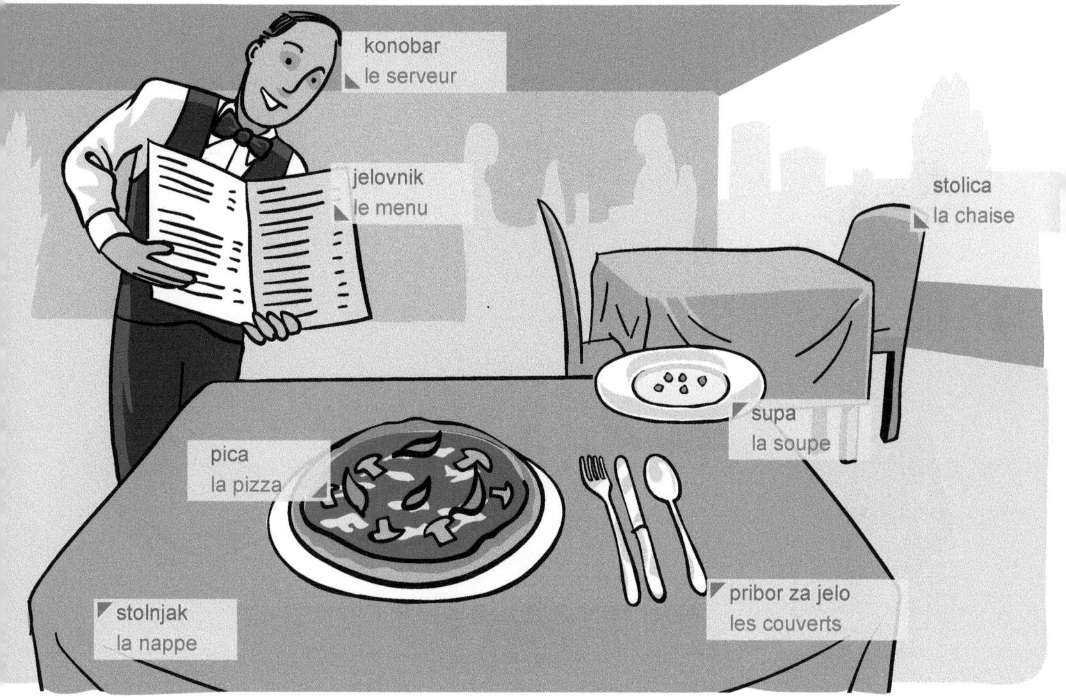

konobar
le serveur
jelovnik
le menu
stolica
la chaise
supa
la soupe
pica
la pizza
pribor za jelo
les couverts
stolnjak
la nappe

predjelo

les hors d'œuvre

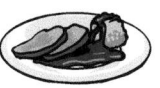

glavno jelo

le plat principal

desert

le dessert

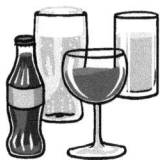

napitci

les boissons

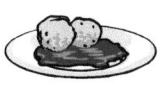

jelo

l'alimentation

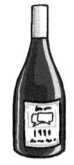

flaša

la bouteille

brza hrana

le fast-food

imbis hrana

les plats à emporter

čajnik

la théière

doza za šećer

le sucrier

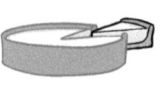

porcija

la portion

aparat za espresso

la machine à expresso

visoka stolica

la chaise haute

račun

la facture

poslužavnik

le plateau

nož

le couteau

viljuška

la fourchette

kašika

la cuillère

čajna kašika

la cuillère à thé

salveta

la serviette

čaša

le verre

tanjir

l'assiette

tanjir za supu

l'assiette à soupe

tanjirić

la soucoupe

sos

la sauce

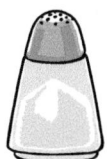

soljenka

la salière

mlin za biber

le moulin à poivre

sirće

le vinaigre

ulje

l'huile

začini

les épices

kečap

le ketchup

senf

la moutarde

majoneza

la mayonnaise

supermarket
le supermarché

ponuda
l'offre promotionnelle
FOR
kupac
le client
mlečni proizvodi
les produits laitiers
voće
les fruits
kolica za kupovinu
le chariot

BUTCHERS

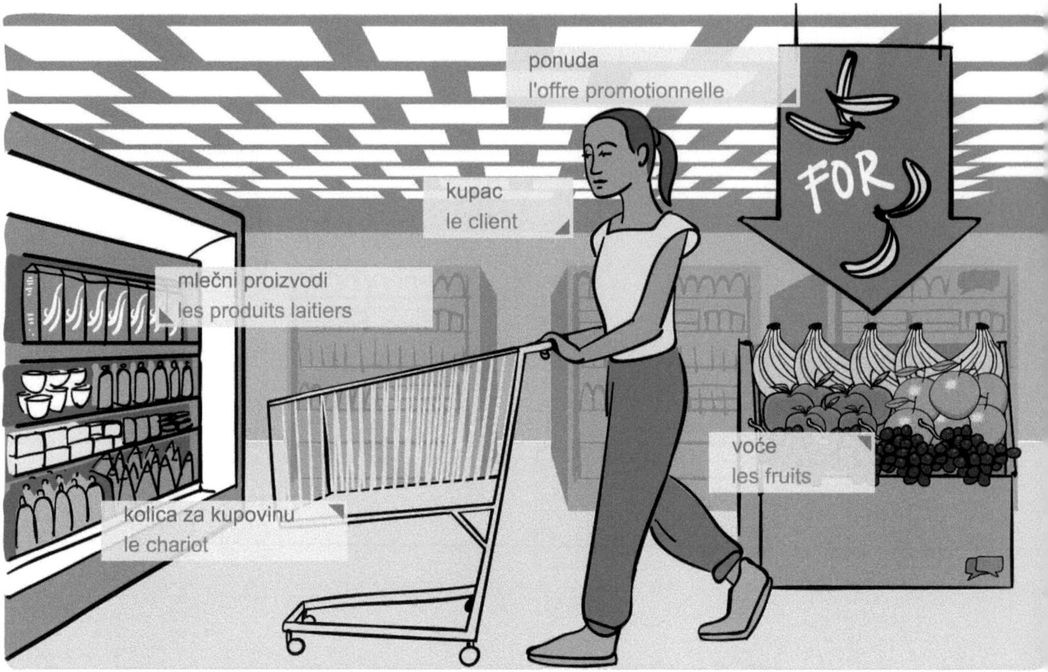

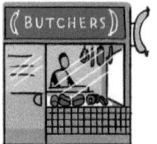

mesnica

la boucherie

BAKERY

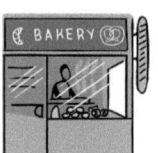

pekara

la boulangerie

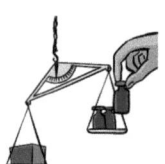

vagati

peser

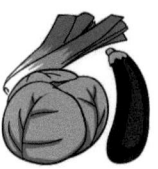

povrće

les légumes

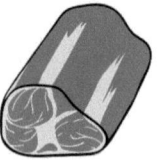

meso

la viande

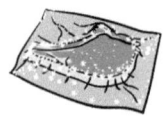

smrznuta hrana

les aliments surgelés

narezak

la charcuterie

konzerve

les conserves

sredstvo za pranje

la poudre à lessive

slatkiši

les bonbons

artikli za domaćinstvo

les articles ménagers

sredstva za čišćenje

les détergents

prodavačica

la vendeuse

blagajna

la caisse

blagajnik

le caissier

lista za kupovinu

la liste d'achats

vreme rada

les heures d'ouverture

novčanik

le portefeuille

kreditna kartica

la carte de crédit

torba

le sac

plastična kesa

le sac en plastique

voda

l'eau

sok

le jus de fruit

mleko

le lait

kola

le coca

vino

le vin

pivo

la bière

alkohol

l'alcool

kakao

le chocolat chaud

čaj

le thé

kava

le café

espresso

l'expresso

cappuccino

le cappuccino

banana

la banane

jabuka

la pomme

narandža

l'orange

lubenica

le melon

limun

le citron.

šargarepa

la carotte

beli luk

l'ail

bambus

le bambou

luk

l'oignon

gljiva

le champignon

orašasti plodovi

les noisettes

rezanci

les pâtes

špagete

les spaghetti

riža

le riz

salata

la salade

pomfrit

les pommes frites

pečeni krumpir

les pommes de terre rôties

pica

la pizza

hamburger

le hamburger

sendvič

le sandwich

šnicla

l'escalope

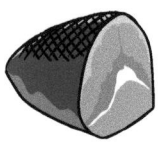

šunka

le jambon

salama

le salami

kobasica

la saucisse

kokoš

le poulet

pečenje

le rôti

riba

le poisson

zobene pahuljice

les flocons d'avoine

musli

le muesli

kukuruzne pahuljice

les cornflakes

brašno

la farine

kroasan

le croissant

pecivo

les petits-pains

hleb

le pain

toast

le pain grillé

keksi

les biscuits

maslac

le beurre

sveži sir

le fromage blanc

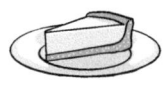

kolač

le gâteau

jaje

l'œuf

jaje na oko

l'œuf au plat

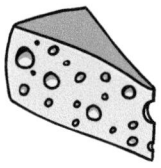

sir

le fromage

sladoled
la glace

šećer
le sucre

med
le miel

marmelada
la confiture

nugat krema
la crème nougat

kari
le curry

seosko gazdinstvo
la ferme

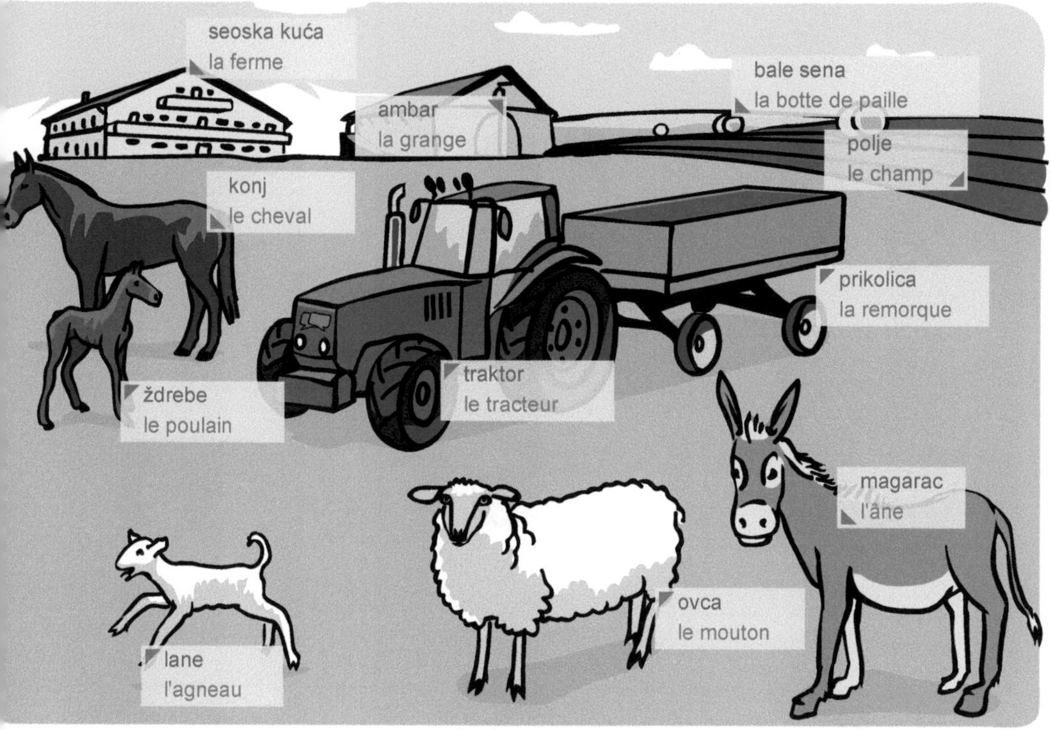
seoska kuća
la ferme
ambar
la grange
bale sena
la botte de paille
polje
le champ
konj
le cheval
prikolica
la remorque
traktor
le tracteur
ždrebe
le poulain
magarac
l'âne
ovca
le mouton
lane
l'agneau

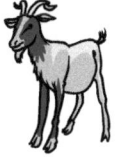

koza

la chèvre

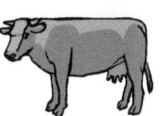

krava

la vache

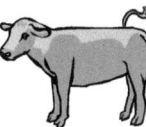

tele

le veau

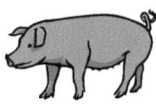

svinja

le porc

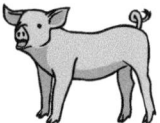

prase

le porcelet

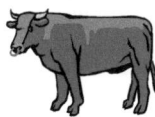

bik

le taureau

guska

l'oie

patka

le canard

pilići

le poussin

kokoš

la poule

petao

le coq

pacov

le rat

mačka

le chat

miš

la souris

vol

le bœuf

pas

le chien

kućica za psa

le chenil

vrtno crevo

le tuyau de jardin

kanta za polivanje

l'arrosoir

kosa

la faucheuse

plug

la charrue

srp

la faucille

motika

la pioche

viljuška za đubrivo

la fourche

sekira

la hache

tačke

la brouette

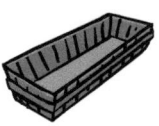

korito

la cuve

posuda za mleko

le pot à lait

vreća

le sac

ograda

la clôture

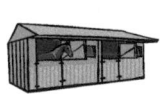

štala

l'étable

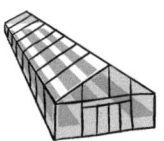

staklenik

le serre

zemlja

le sol

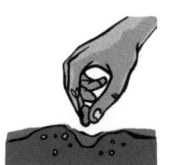

seme

les semences

đubrivo

l'engrais

kombajn

la moissonneuse-batteuse

žeti
récolter

žetva
la récolte

jams začin
l'igname

pšenica
le blé

soja
le soja

krumpir
la pomme de terre

kukuruz
le maïs

uljana repica
le colza

voćka
l'arbre fruitier

gomolj manioke
le manioc

žitarice
les céréales

kuća
la maison

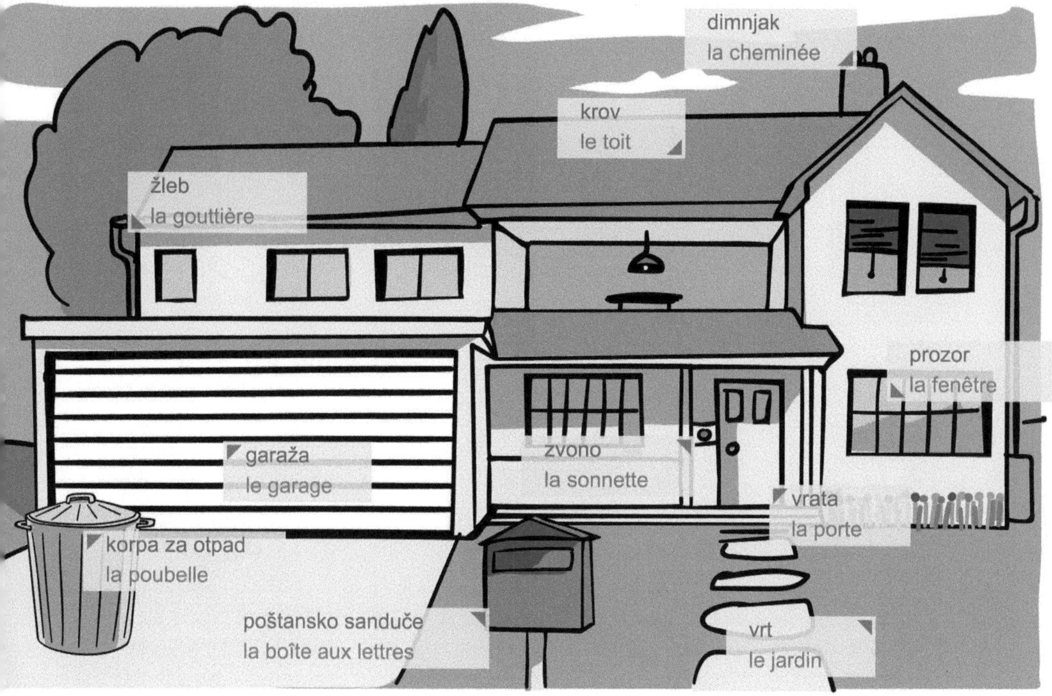
dimnjak
la cheminée
krov
le toit
žleb
la gouttière
prozor
la fenêtre
garaža
le garage
zvono
la sonnette
vrata
la porte
korpa za otpad
la poubelle
poštansko sanduče
la boîte aux lettres
vrt
le jardin

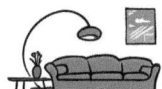

dnevna soba

le salon

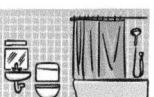

kupaonica

la salle de bain

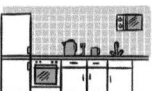

kuhinja

la cuisine

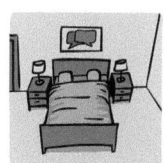

spavaća soba

la chambre à coucher

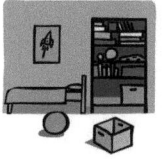

dečija soba

la chambre d'enfant

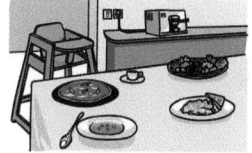

trpezarija

la salle à manger

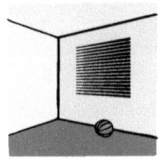

pod

le sol

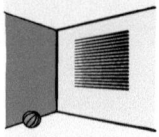

zid

le mur

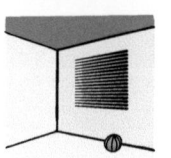

strop

le plafond

podrum

la cave

sauna

le sauna

balkon

le balcon

terasa

la terrasse

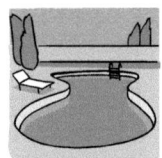

bazen

la piscine

kosilica za travu

la tondeuse à gazon

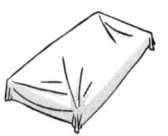

posteljina za krevet

la housse

deka za krevet

la couette

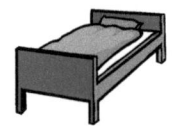

krevet

le lit

metla

le balai

kanta

le sceau

prekidač

l'interrupteur

dnevna soba

le salon

tapeta
le papier peint
slika
l'image
svetiljka
la lampe
regal
l'étagère
ormar
l'armoire
televizija
la télé
kamin
la cheminée
cvijet
la fleur
jastuk
le coussin
kauč
le sofa
vaza
le vase
daljinski upravljač
la télécommande

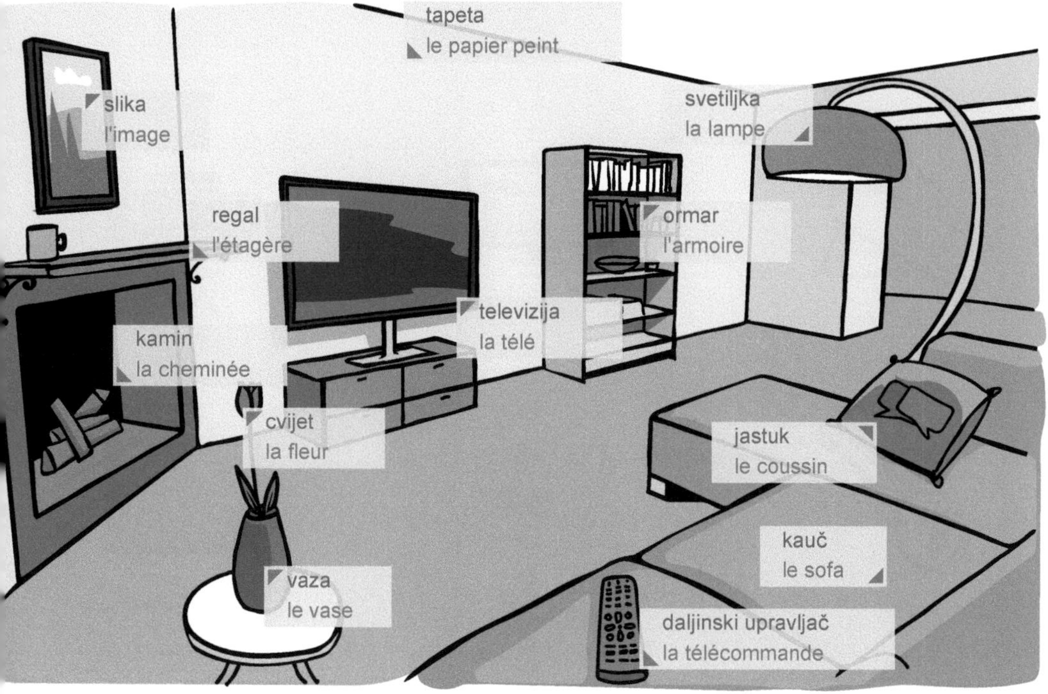

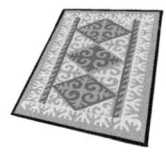

tepih

le tapis

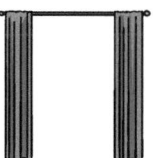

zavesa

le rideau

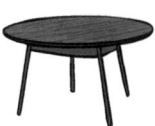

sto

la table

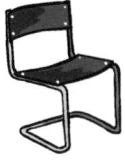

stolica

la chaise

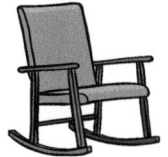

stolica za njihanje

la chaise à bascule

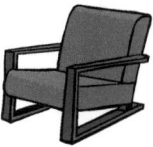

fotelja

le fauteuil

knjiga

le livre

deka

la couverture

dekoracija

la décoration

drvo za ogrev

le bois de chauffage

film

le film

hi-fi uređaj

la chaîne hi-fi

ključ

la clé

novine

le journal

slika na platnu

la peinture

poster

le poster

radio

la radio

blok za pisanje

le bloc-notes

usisivač

l'aspirateur

kaktus

le cactus

sveća

la bougie

kuhinja
la cuisine

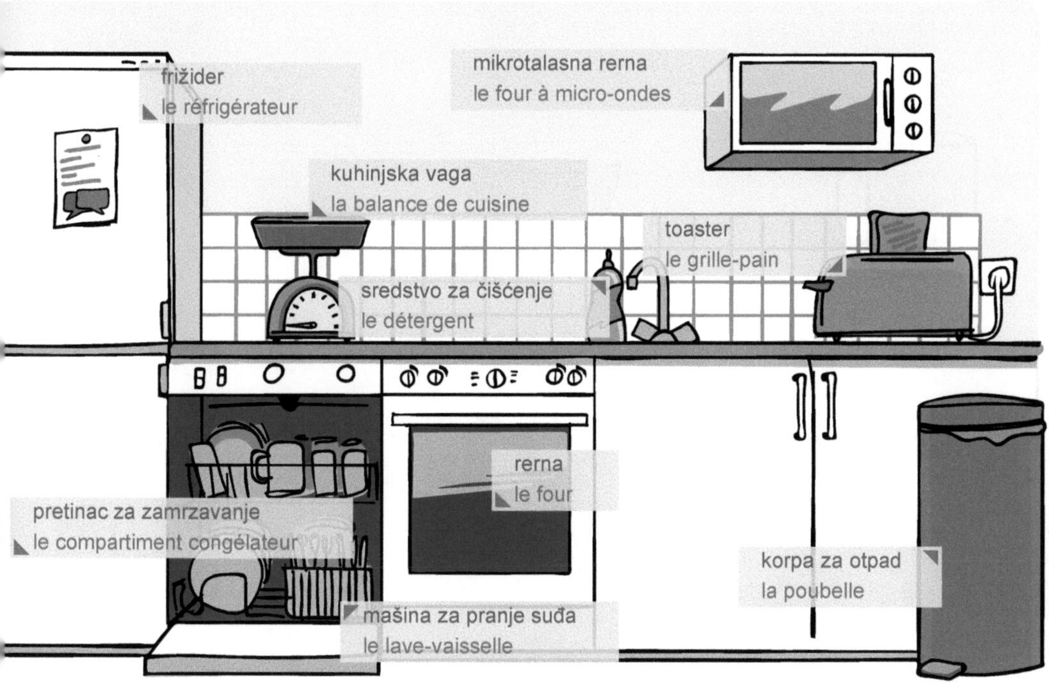
frižider
le réfrigérateur
mikrotalasna rerna
le four à micro-ondes
kuhinjska vaga
la balance de cuisine
toaster
le grille-pain
sredstvo za čišćenje
le détergent
rerna
le four
pretinac za zamrzavanje
le compartiment congélateur
korpa za otpad
la poubelle
mašina za pranje suđa
le lave-vaisselle

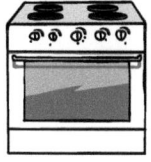

šporet

le four

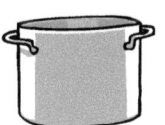

lonac

la casserole

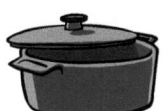

gvozdeni lonac

la marmite

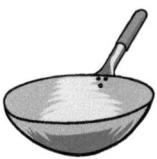

wok / kadai

le wok / kadai

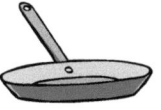

tava

la poêle

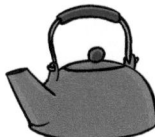

kuvalo za vodu

la bouilloire electrique

kuvalo na paru

le cuiseur vapeur

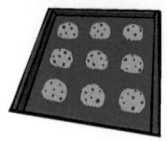

lim za pečenje

la plaque de cuisson

posuđe

la vaisselle

čaša

le gobelet

posuda

la coupe

štapići za jelo

les baguettes

kutlača

la louche

lopatica

la spatule

penjača

le fouet

sito za kuvanje

la passoire

sito

le tamis

ribež

la râpe

mužar

le mortier

roštilj

le barbecue

ognjište

la cheminée

daska

la planche à découper

oklagija

le rouleau à pâtisserie

vadičep

le tire-bouchon

konzerva

la boîte

otvarač konzervi

l'ouvre-boîte

krpa za lonac

les maniques

sudoper

le lavabo

četka

la brosse

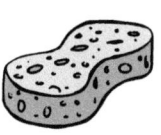

sunđer

l'éponge

mikser

le mixeur

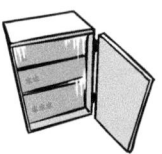

zamrzivač

le congélateur

flašica za bebe

le biberon

slavina za vodu

le robinet

kupaonica
la salle de bain

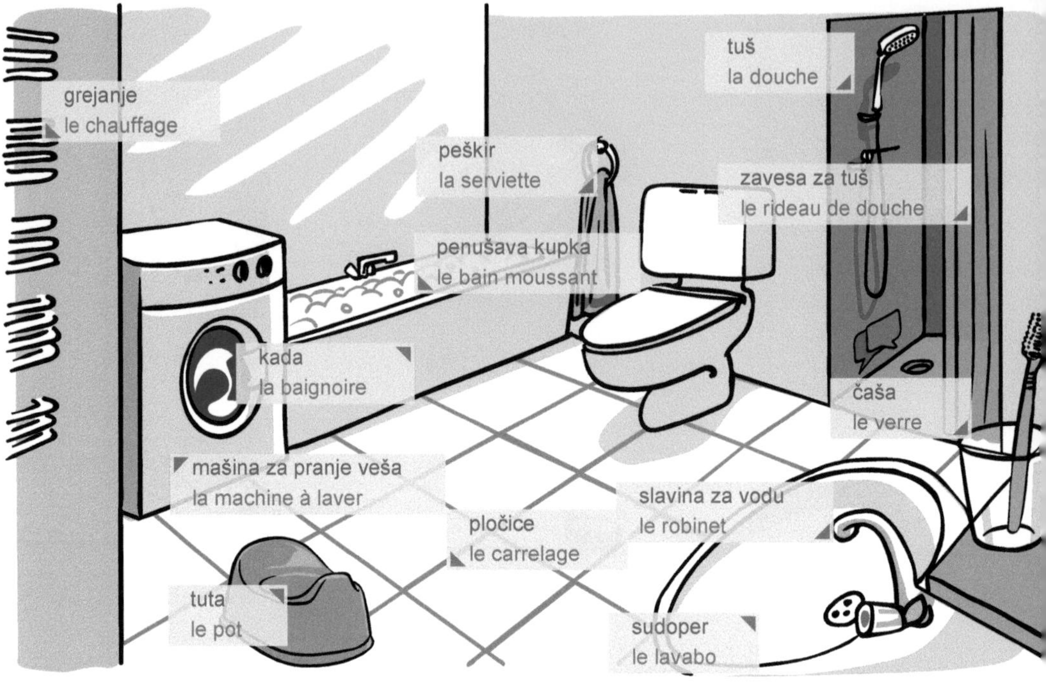
grejanje
le chauffage
tuš
la douche
peškir
la serviette
zavesa za tuš
le rideau de douche
penušava kupka
le bain moussant
kada
la baignoire
čaša
le verre
mašina za pranje veša
la machine à laver
slavina za vodu
le robinet
pločice
le carrelage
tuta
le pot
sudoper
le lavabo

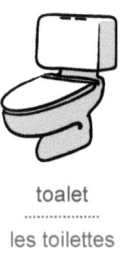

toalet

les toilettes

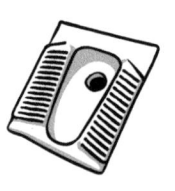

čučavac

la toilette à la turque

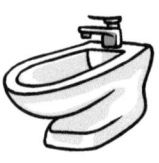

bidet

le bidet

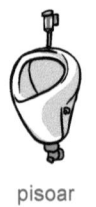

pisoar

l'urinoir

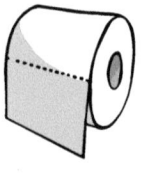

toaletni papir

le papier toilette

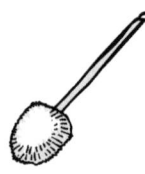

četka za toalet

la brosse à toilette

četkica za zube

la brosse à dents

pasta za zube

le dentifrice

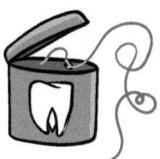

konac za zube

le fil dentaire

prati

laver

tuš ručica

la douche manuelle

tuš za pranje intimnih delova

la douche intime

lavor

la vasque

četka za pranje leđa

la brosse dorsale

sapun

le savon

gel za tuširanje

le gel douche

šampon

le shampooing

krpa za pranje

le gant de toilette

odvod

l'écoulement

krema

la crème

dezodorans

le déodorant

ogledalo

le miroir

kozmetičko ogledalo

le miroir cosmétique

brijač

le rasoir

pena za brijanje

la mousse à raser

losion za posle brijanja

l'après-rasage

češalj

la peigne

četka

la brosse

fen za kosu

le sèche-cheveux

sprej za kosu

la laque pour cheveux

makeup

le fond de teint

ruž za usne

le rouge à lèvres

lak za nokte

le vernis à ongles

vata

l'ouate

makaze za nokte

le coupe-ongles

parfem

le parfum

kozmetička torbica

la trousse de toilette

stolica

le tabouret

vaga

le pèse-personne

ogrtač

le peignoir

rukavice za čišćenje

les gants de nettoyage

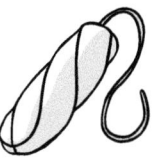

tampon

le tampon

uložak

les serviettes hygiéniques

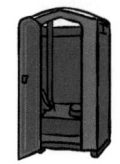

hemijski toalet

la toilette chimique

dečija soba
la chambre d'enfant

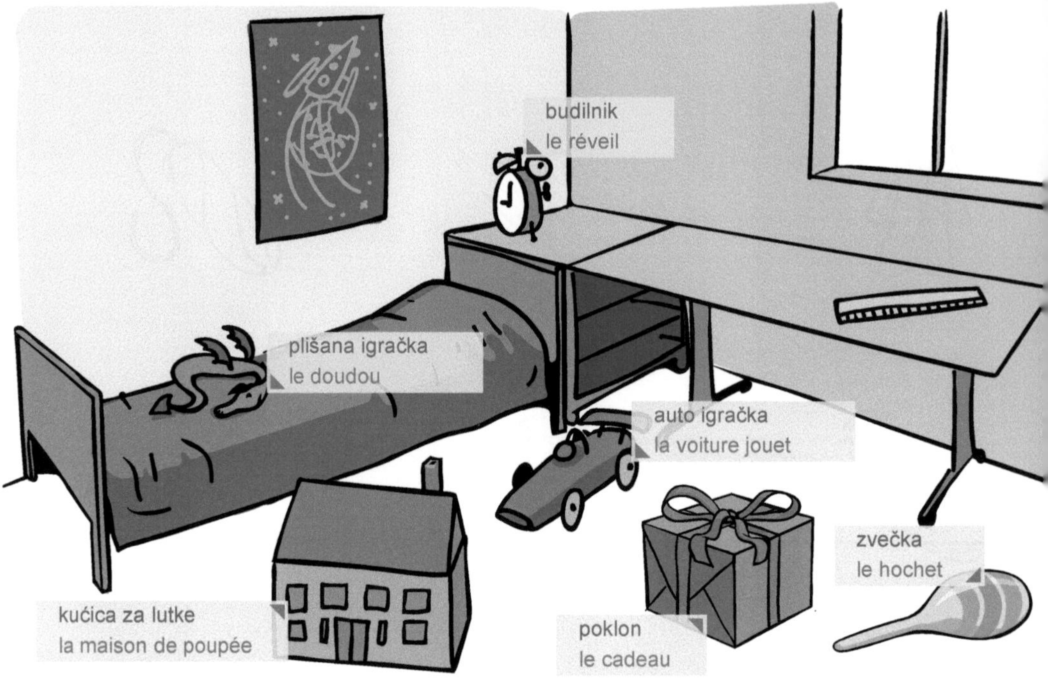
budilnik
le réveil
plišana igračka
le doudou
auto igračka
la voiture jouet
zvečka
le hochet
kućica za lutke
la maison de poupée
poklon
le cadeau

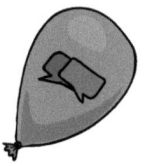

balon

le ballon

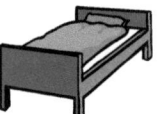

krevet

le lit

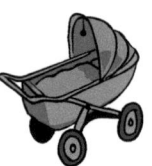

dječija kolica

la poussette

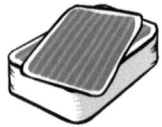

igra s kartama

le jeu de cartes

slagalica

le puzzle

SUPER
MEGA

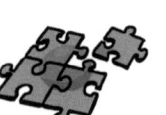

strip

la bande dessinée

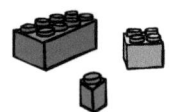

lego kockice

les pièces lego

kockice za slaganje

les blocs de construction

akcioni junak

la figurine

benkica za bebe

la grenouillère

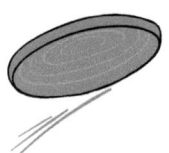

frizbi

le frisbee

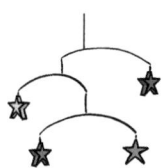

viseće igračke

le mobile

društvene igre

le jeu de société

kocka

le dé

minijaturna željeznica

le train miniature

duda

la sucette

zabava

la fête

slikovnica

le livre d'images

lopta

la balle

lutka

la poupée

igrati

jouer

pješčanik

le bac à sable

ljuljačka

la balançoire

igračka

les jouets

konzola za igre

la console de jeu

tricikl

le tricycle

tedi

l'ours en peluche

ormar

l'armoire

odeća

les vêtements

kratke čarape

les chaussettes

čarape

les bas

hulahopke

le collant

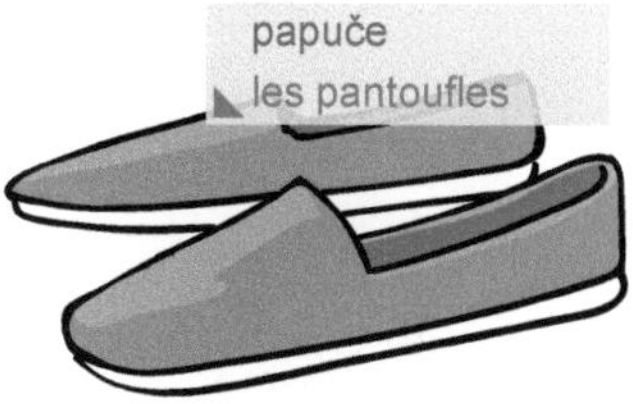

šal
l'écharpe

kišobran
le parapluie

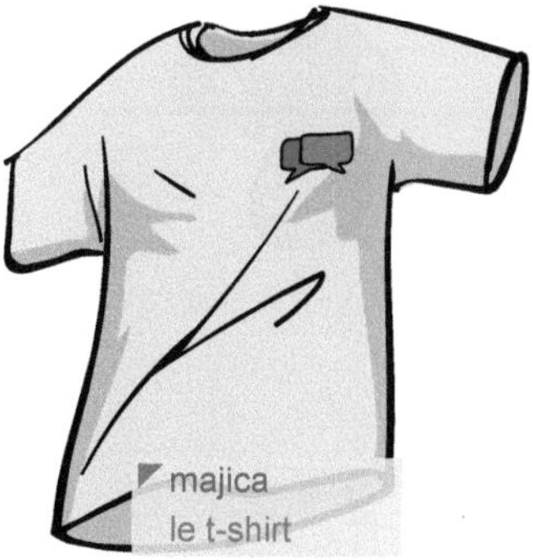

majica
le t-shirt

kaiš
la ceinture

čizme
les bottes

papuče
les pantoufles

patike
les baskets

sandale
....
les sandales

cipele
....
les chaussures

gumene čizme
....
les bottes de caoutchouc

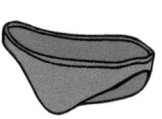

gaćice
....
les sous-vêtements

grudnjak
....
le soutien-gorge

potkošulja
....
le maillot de corps

bodi

le body

pantalone

le pantalon

farmerke

le jean

suknja

la jupe

bluza

le chemisier

košulja

la chemise

džemper

le pull

džemper s kapuljačom

le sweat à capuche

sako

la veste

jakna

la veste

kaput

le manteau

kabanica

l'imperméable

kostim

le costume

haljina

la robe

venčanica

la robe de mariée

odelo

le costume

spavaćica

la chemise de nuit

pidžama

le pyjama

sari

le sari

marama za glavu

le foulard

turban

le turban

burka

la burqa

kaftan

le caftan

abaja

l'abaya

kupaći kostim

le maillot de bain

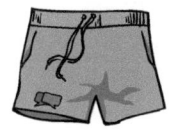

kupaće gaćice

le maillot de bain

kratke pantalone

le short

odeća za trening

la tenue d'entraînement

kecelja

le tablier

rukavice

les gants

dugme

le bouton

naočare

les lunettes

narukvica

le bracelet

ogrlica

le collier

prsten

la bague

naušnica

la boucle d'oreille

kapa

le bonnet

vešalica

le cintre

šešir

le chapeau

kravata

la cravate

patent zatvarač

la fermeture éclair

kaciga

le casque

naramenice

les bretelles

školska uniforma

l'uniforme scolaire

uniforma

l'uniforme

podbradak

le bavoir

duda

la sucette

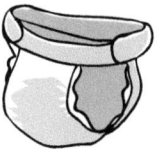

pelena

la lange

kancelarija
le bureau

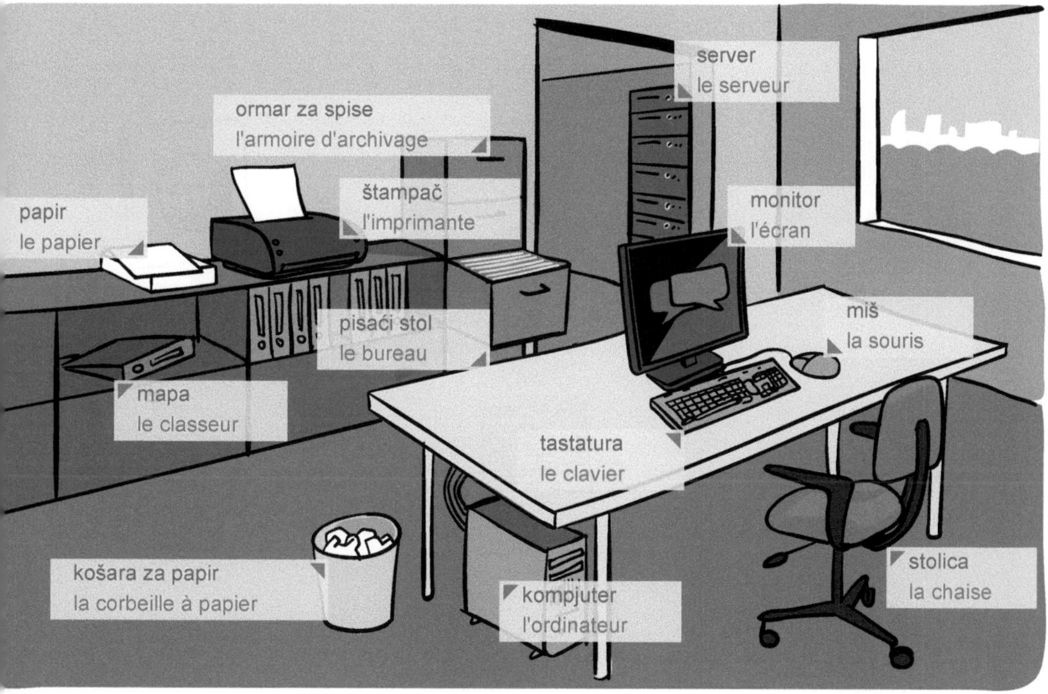

papir
le papier

ormar za spise
l'armoire d'archivage

štampač
l'imprimante

server
le serveur

monitor
l'écran

pisaći stol
le bureau

miš
la souris

mapa
le classeur

tastatura
le clavier

košara za papir
la corbeille à papier

kompjuter
l'ordinateur

stolica
la chaise

šalica za kavu

la tasse de café

kalkulator

la calculatrice

internet

l'internet

laptop

l'ordinateur portable

pismo

la lettre

poruka

le message

mobilni telefon

le portable

mreža

le réseau

uređaj za kopiranje

la photocopieuse

softver

le logiciel

telefon

le téléphone

utičnica

la prise

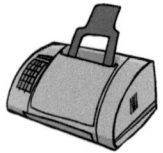

faks

le fax

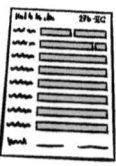

formular

le formulaire

dokument

le document

kupovati

acheter

platiti

payer

trgovati

faire du commerce

novac

la monnaie

USD

dolar

le dollar

EUR

evro

l'euro

JPY

jen

le yen

RUB

rublja

le rouble

CHF

švajcarski franak

le franc suisse

CNY

renmindbi juan

le renminbi yuan

INR

rupija

la roupie

automat za novac

le distributeur automatique

menjačnica
le bureau de change

zlato
l'or

srebro
l'argent

nafta
le pétrole

energija
l'énergie

cena
le prix

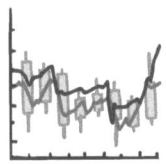

ugovor
le contrat

porez
la taxe

deonica
l'action

raditi
travailler

službenik
l'employé

poslodavac
l'employeur

fabrika
l'usine

prodavnica
le magasin

policajac
l'agent de police

vatrogasac
le pompier

kuvar
le cuisinier

lekar
le médecin

pilot
le pilote

vrtlar

le jardinier

stolar

le menuisier

krojačica

la couturière

sudija

le juge

hemičar

le chimiste

glumac

l'acteur

vozač autobusa

le conducteur de bus

vozač taksija

le chauffeur de taxi

ribar

le pêcheur

čistačica

la femme de ménage

krovopokrivač

le couvreur

konobar

le serveur

lovac

le chasseur

slikar

le peintre

pekar

le boulanger

električar

l'électricien

građevinski radnik

l'ouvrier

inženjer

l'ingénieur

mesar

le boucher

limar

le plombier

poštar

le facteur

vojnik

le soldat

arhitekta

l'architecte

blagajnik

le caissier

cvećar

le fleuriste

frizer

le coiffeur

kondukter

le contrôleur

mehaničar

le mécanicien

kapetan

le capitaine

zubar

le dentiste

naučnik

le scientifique

rabi

le rabbin

imam

l'imam

monah

le moine

svećenik

le prêtre

alati

les outils

klešta
les pinces
čekić
le marteau
odvijač
le tournevis
džepna lampa
la torche
ključ za zavrtnje
la clé

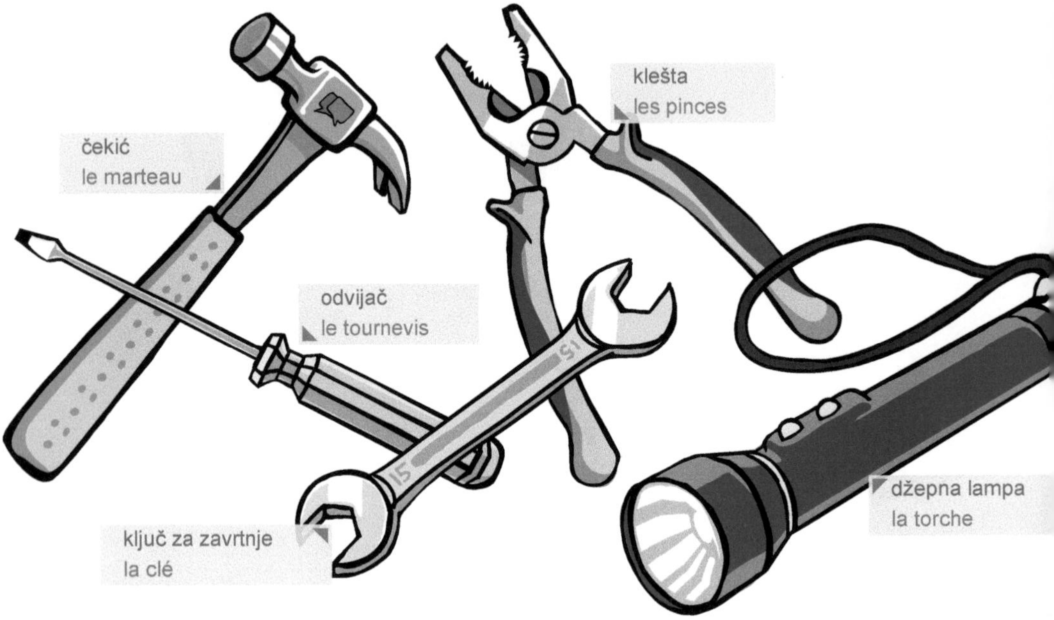

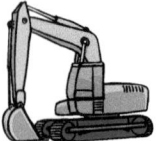

bager

la pelleteuse

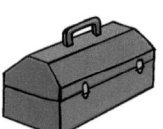

kutija za alat

la boîte à outils

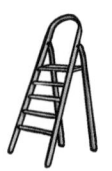

merdevine

l'échelle

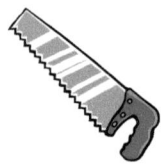

pila

la scie

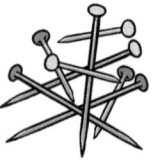

ekser

les clous

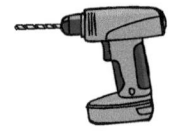

bušilica

la perceuse

popraviti

réparer

lopata

la pelle

do đavola!

Mince !

lopatica

la pelle

lonac za boju

le pot de peinture

zavrtanji

les vis

muzički instrument
les instruments de musique

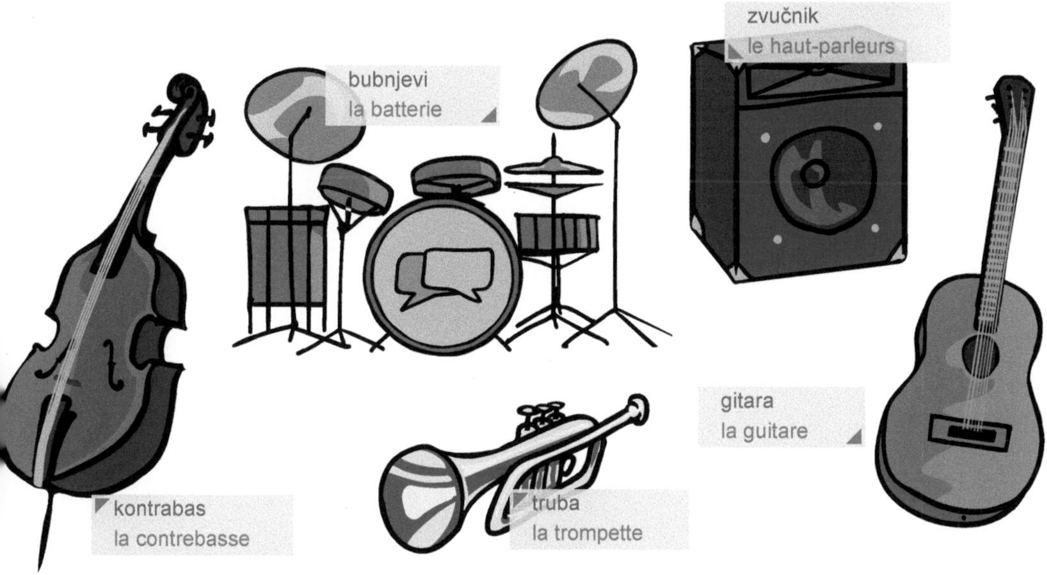

zvučnik
le haut-parleurs

bubnjevi
la batterie

kontrabas
la contrebasse

truba
la trompette

gitara
la guitare

klavir

le piano

violina

le violon

bas

la basse

timpani

les timbales

udaraljke za bubnjeve

le tambour

tipke klavira

le piano électrique

saksofon

le saxophone

flauta

la flûte

mikrofon

le microphone

zoološki vrt
le zoo

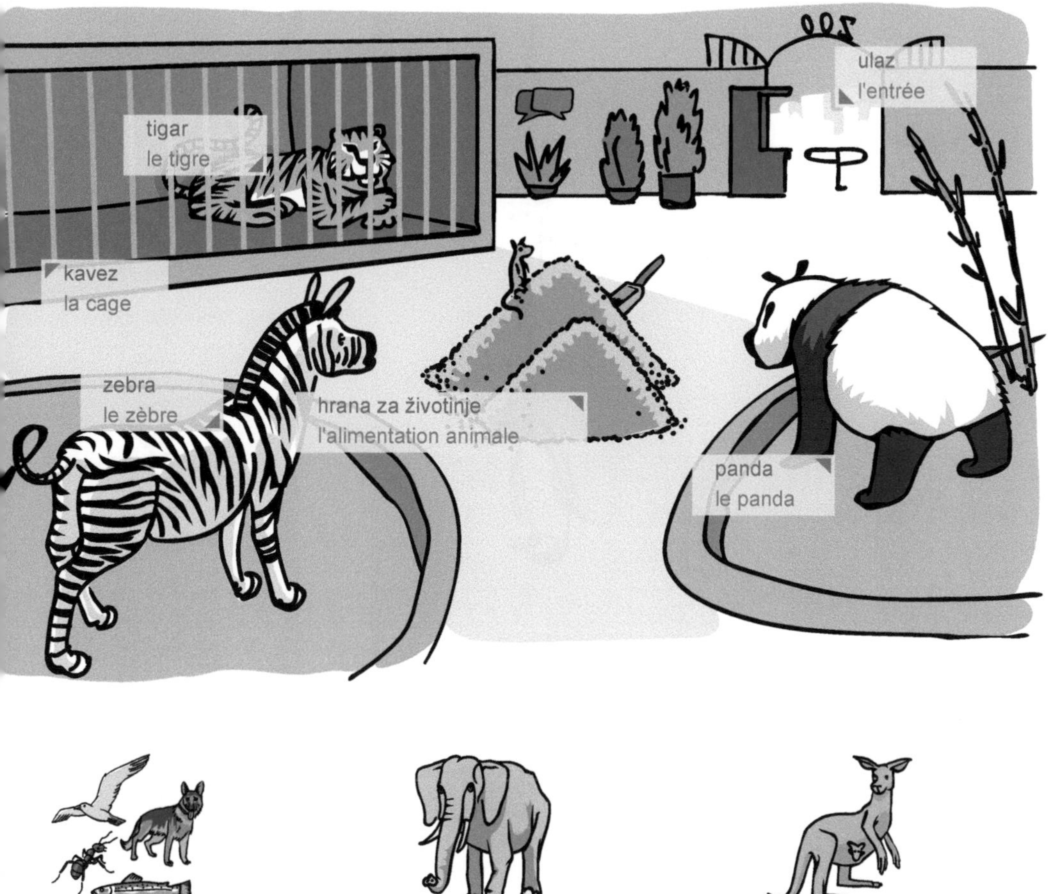

zoo
ulaz
l'entrée
tigar
le tigre
kavez
la cage
zebra
le zèbre
hrana za životinje
l'alimentation animale
panda
le panda

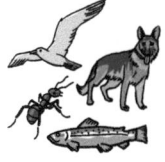

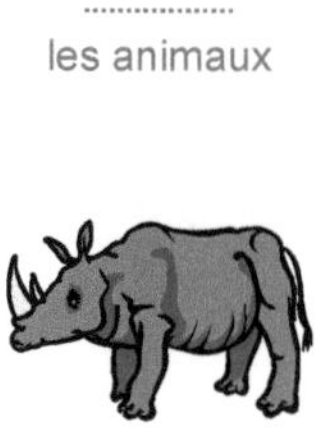

životinje

les animaux

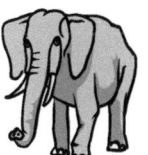

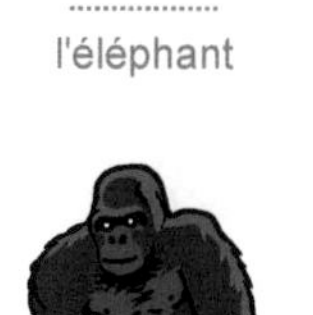

slon

l'éléphant

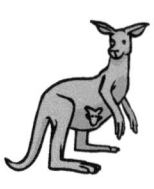

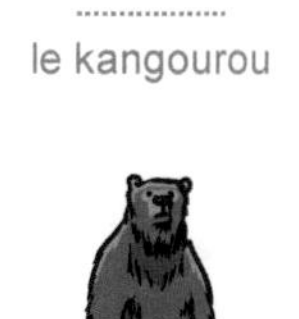

kengur

le kangourou

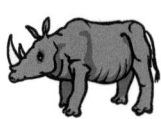

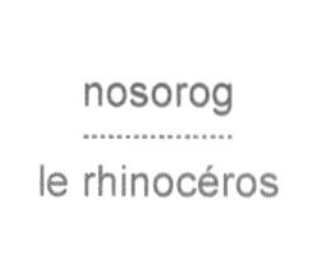

nosorog

le rhinocéros

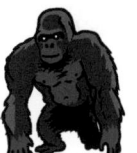

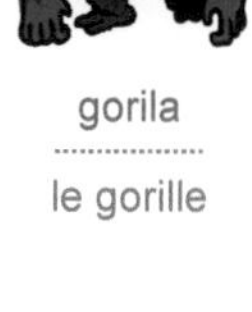

gorila

le gorille

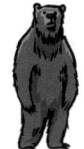

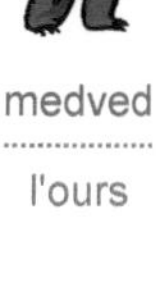

medved

l'ours

kamila

le chameau

noj

l'autruche

lav

le lion

majmun

le singe

flamingo

le flamand rose

papagaj

le perroquet

polarni medved

l'ours polaire

pingvin

le pingouin

ajkula

le requin

paun

le paon

zmija

le serpent

krokodil

le crocodile

čuvar u zoološkom vrtu

le gardien de zoo

tuljan

le phoque

jaguar

le jaguar

poni

le poney

leopard

le léopard

nilski konj

l'hippopotame

žirafa

la girafe

orao

l'aigle

divlja svinja

le sanglier

riba

le poisson

kornjača

la tortue

morž

le morse

lisica

le renard

gazela

la gazelle

les sports

američki nogomet
l'american Football

biciklizam
le cyclisme

tenis
le tennis

košarka
le basket-ball

plivanje
la natation

boks
la boxe

hokej na ledu
le hockey sur glace

fudbal
le football

badminton
le badminton

atletika
l'athlétisme

rukomet
le handball

skijanje
le ski

polo
le polo

skočiti
sauter

zagrliti
embrasser

smejati se
rire

ići
marcher

pevati
chanter

sanjati
rêver

moliti se
prier

poljubiti
faire la bise

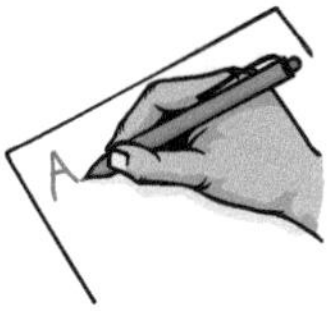

pisati
écrire

crtati
dessiner

pokazati
montrer

gurati
pousser

dati
donner

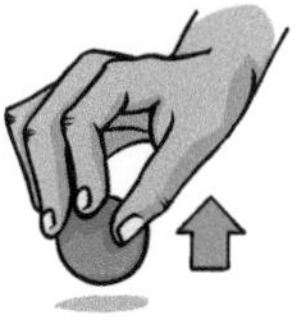

uzeti
prendre

imati

avoir

činiti

faire

biti

être

stojati

être debout

trčati

courir

povlačiti

trier

baciti

jeter

padati

tomber

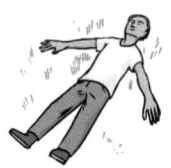

ležati

être couché

čekati

attendre

nositi

porter

sediti

être assis

oblačiti

s'habiller

spavati

dormir

probuditi se

se réveiller

gledati

regarder

plakati

pleurer

milovati

caresser

češljati

peigner

govoriti

parler

razumeti

comprendre

pitati

demander

slušati

écouter

piti

boire

jesti

manger

pospremiti

ranger

voleti

aimer

kuhati

cuire

voziti

conduire

leteti

voler

ploviti

faire de la voile

računati

calculer

čitati

lire

učiti

apprendre

raditi

travailler

venčati se

se marier

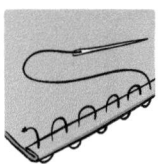

šiti

coudre

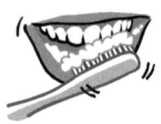

prati zube

brosser les dents

ubiti

tuer

pušiti

fumer

poslati

envoyer

porodica
la famille

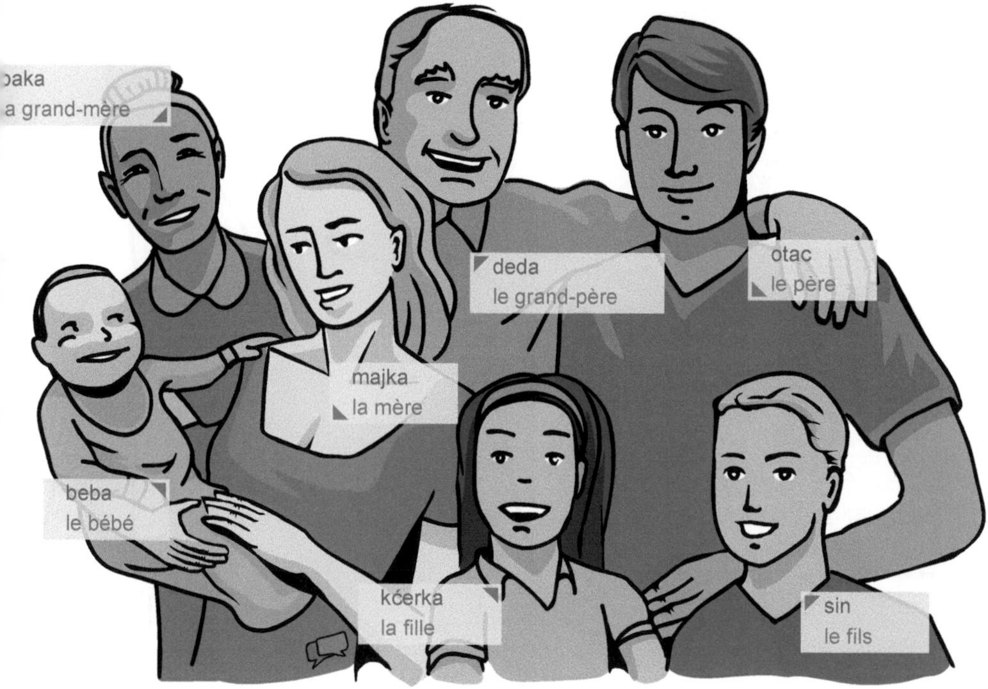
aka
a grand-mère
deda
le grand-père
otac
le père
majka
la mère
beba
le bébé
kćerka
la fille
sin
le fils

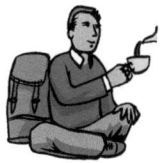

gost

l'hôte

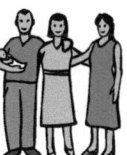

tetka

la tante

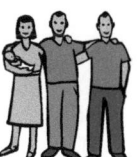

ujak, stric

l'oncle

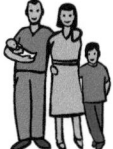

brat

le frère

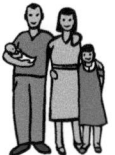

sestra

la sœur

telo

le corps

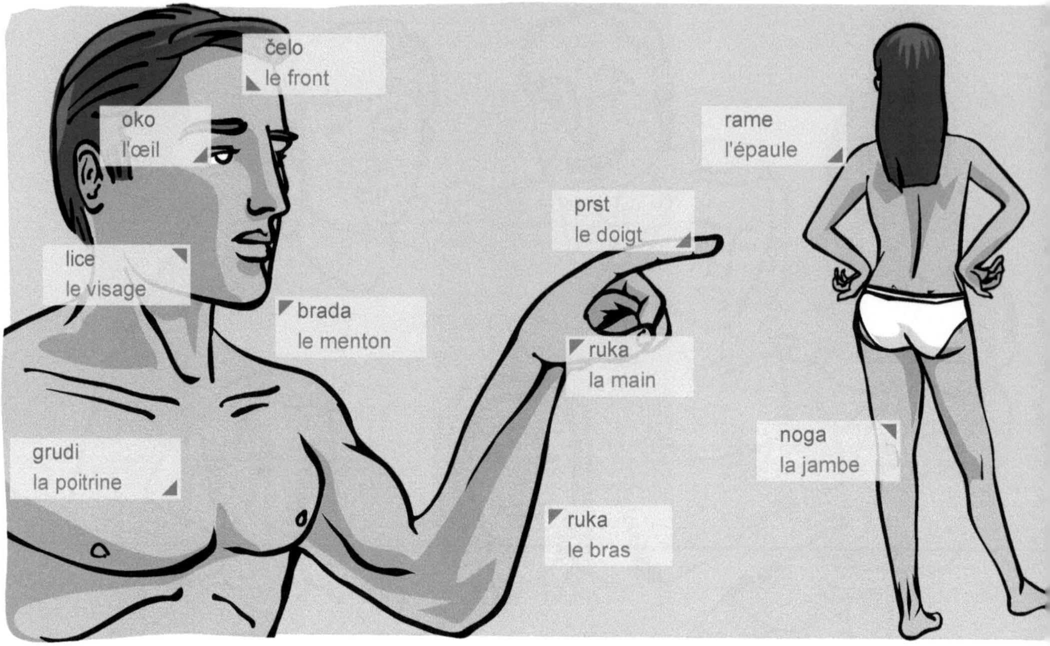

čelo
le front
oko
l'œil
lice
le visage
brada
le menton
prst
le doigt
ruka
la main
grudi
la poitrine
ruka
le bras
rame
l'épaule
noga
la jambe

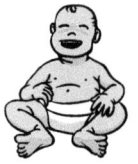

beba

le bébé

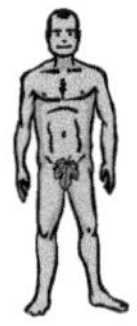

muškarac

l'homme

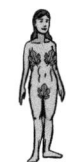

žena

la femme

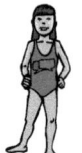

devojčica

la fille

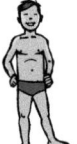

dečak

le garçon

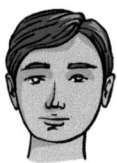

glava

la tête

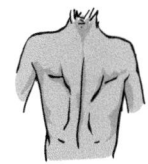

leđa

le dos

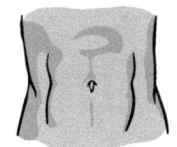

stomak

le ventre

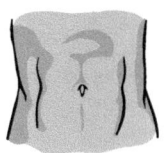

pupak

le nombril

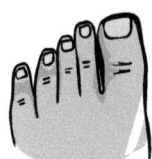

nožni prst

l'orteil

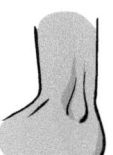

peta

le talon

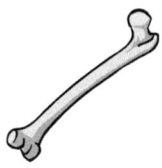

kost

l'os

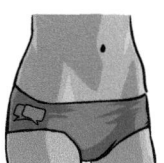

kukovi

la hanche

koleno

le genou

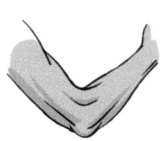

lakat

le coude

nos

le nez

zadnjica

les fesses

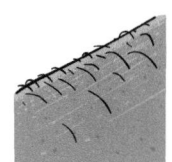

koža

la peau

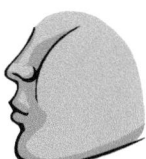

obraz

la joue

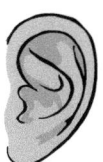

uvo

l'oreille

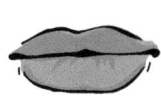

usna

la lèvre

usta

la bouche

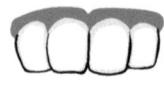

zub

la dent

jezik

la langue

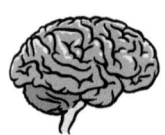

mozak

le cerveau

srce

le cœur

mišić

le muscle

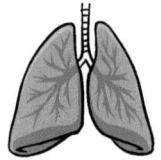

pluća

les poumons

jetra

le foie

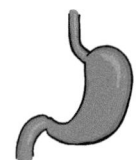

želudac

l'estomac

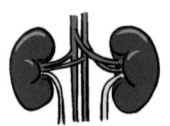

bubrezi

les reins

polni odnos

le rapport sexuel

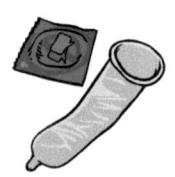

kondom

le préservatif

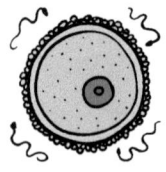

jajna ćelija

l'ovule

sperma

le sperme

trudnoća

la grossesse

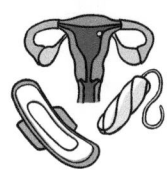

menstruacija

la menstruation

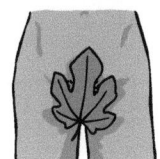

vagina

le vagin

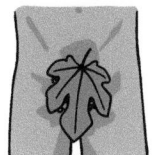

penis

le pénis

obrva

le sourcil

kosa

les cheveux

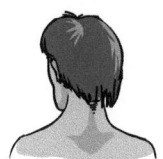

vrat

le cou

bolnica
l'hôpital

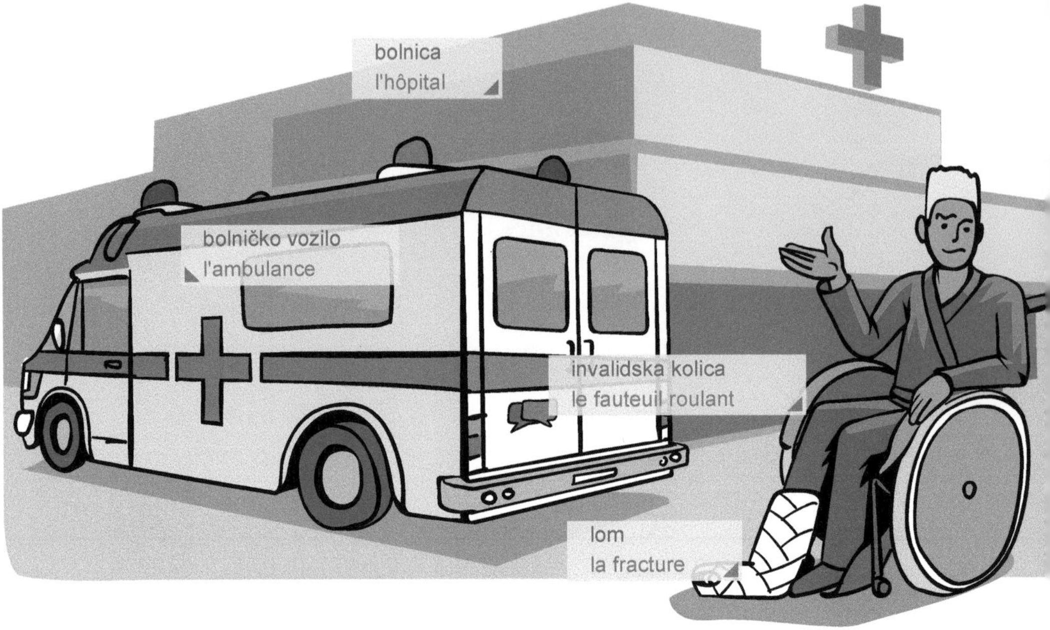

bolnica
l'hôpital
bolničko vozilo
l'ambulance
invalidska kolica
le fauteuil roulant
lom
la fracture

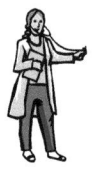

lekar

le médecin

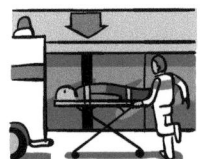

hitna medicinska služba

le service des urgences

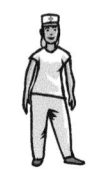

medicinska sestra

l'infirmière

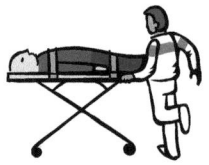

hitni slučaj

l'urgence

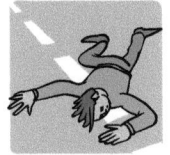

nesvest

inconscient

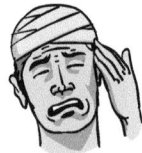

bol

la douleur

povreda

la blessure

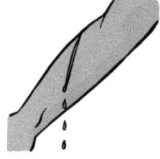

krvarenje

l'hémorragie

srčani udar

la crise cardiaque

udar

l'attaque cérébrale

alergija

l'allergie

kašalj

la toux

groznica

la fièvre

gripa

la grippe

proliv

la diarrhée

glavobolja

le mal de tête

rak

le cancer

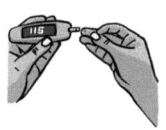

dijabetes

le diabète

hirurg

le chirurgien

skalpel

le scalpel

operacija

l'opération

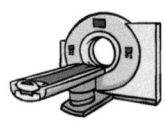	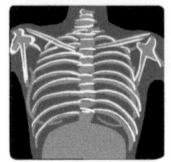	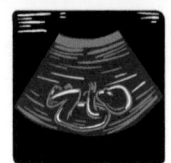
ct le CT	rentgen la radiographie	ultrazvuk l'échographie

maska le masque	bolest la maladie	čekaona la salle d'attente
	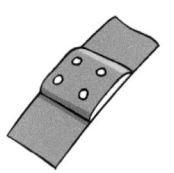	
štaka la béquille	flaster le pansement	zavoj le pansement
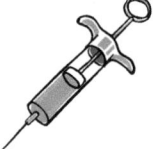	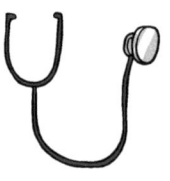	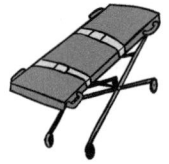
injekcija l'injection	stetoskop le stéthoscope	nosila le brancard

termometar le thermomètre	rođenje l'accouchement	prekomerna težina la surcharge pondérale

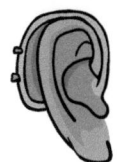

slušni aparat

l'appareil auditif

sredstvo za dezinfekciju

le désinfectant

infekcija

l'infection

virus

le virus

HIV / AIDS

le VIH / le sida

medicina

le médicament

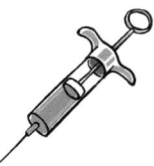

vakcinacija

la vaccination

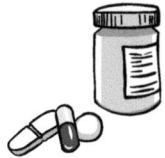

tablete

les comprimés

pilula

la pilule

hitni poziv

l'appel d'urgence

uređaj za merenje pritiska

le tensiomètre

bolesno / zdravo

malade / sain

pomoć! Au secours !	 alarm l'alarme	 nasrtaj l'assaut
 napad l'attaque	 opasnost le danger	 izlaz u slučaju nužde la sortie de secours
požar! Au feu!	 protivpožarni aparat l'extincteur	 nezgoda l'accident
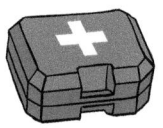 kutija prve pomoći la trousse de premier secours	 sos SOS	 policija la police

Evropa

l'Europe

Severna Amerika

l'Amérique du Nord

Južna Amerika

l'Amérique du Sud

Afrika

l'Afrique

Azija

l'Asie

Australija

l'Australie

Atlantik

l'Océan atlantique

Pacifik

l'Océan pacifique

Indijski okean

l'Océan indien

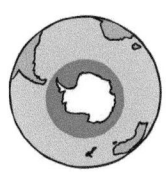

Antarktički okean

l'Océan antarctique

Arktički ocean

l'Océan arctique

Severni pol

le Pôle nord

Južni pol

le Pôle sud

Antarktik

l'Antarctique

zemlja

la terre

zemlja

le pays

more

la mer

otok

l'île

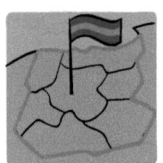

nacija

la nation

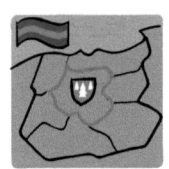

država

l'état

brojčanik sata

le cadran

satna kazaljka

l'aiguille des heures

minutna kazaljka

l'aiguille des minutes

sekundna kazaljka

l'aiguille des secondes

Koliko je sati?

Quelle heure est-il ?

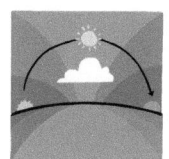

dan

le jour

vreme

le temps

sada

maintenant

digitalni sat

la montre digitale

minuta

la minute

čas

l'heure

sedmica
la semaine

ponedeljak
lundi

sreda
mercredi

petak
vendredi

utorak
mardi

subota
samedi

četvrtak
jeudi

nedelja
dimanche

juče
hier

danas
aujourd'hui

sutra
demain

jutro
le matin

podne
le midi

veče
le soir

radni dani
les jours ouvrables

vikend
le week-end

godina
l'année

kiša
la pluie
duga
l'arc-en-ciel
sneg
la neige
vetar
le vent
proleće
le printemps
jesen
l'automne
leto
l'été
zima
l'hiver

4.APRIL 11°
5.APRIL 4°
6.APRIL 13°
7.APRIL 8°
8.APRIL 10°

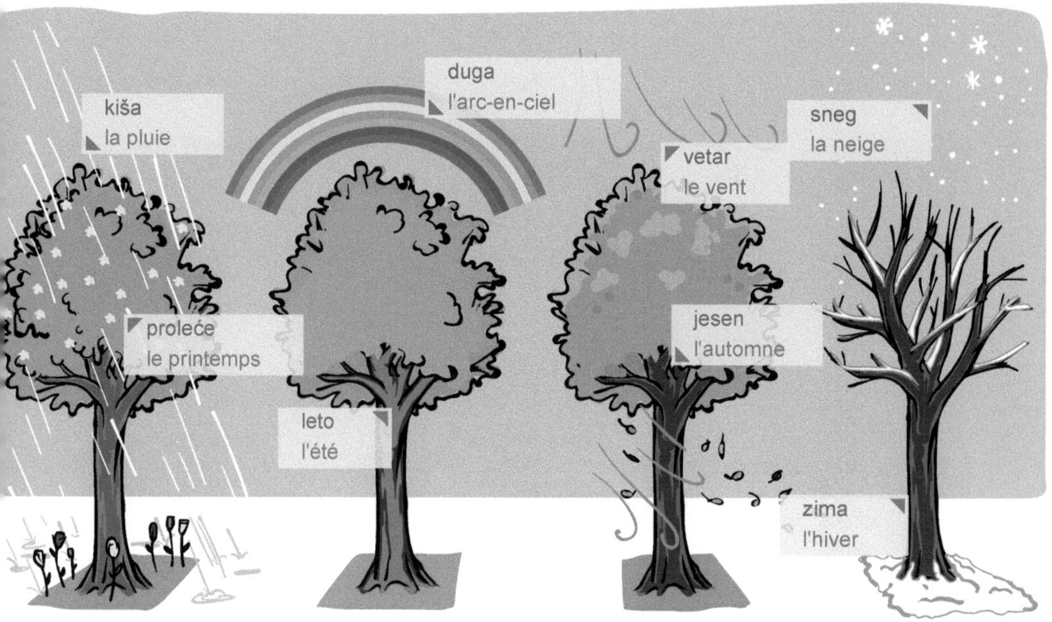

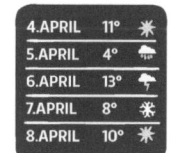

meteorološka prognoza

la météo

F C
120 40
90 30
60 20
30 10
0 0
-30 -10
-20

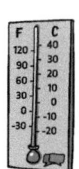

termometar

le thermomètre

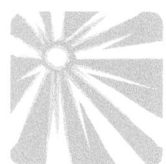

sunčana svetlost

la lumière du soleil

oblak

le nuage

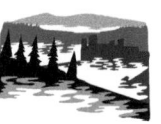

magla

le brouillard

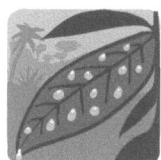

vlažnost vazduha

l'humidité

munja

la foudre

grmljavina

la tonnerre

oluja

la tempête

tuča

la grêle

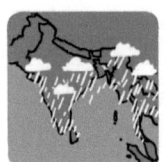

monsun

la mousson

poplava

l'inondation

led

la glace

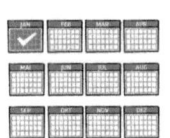

januar

janvier

februar

février

mart

mars

april

avril

maj

mai

juni

juin

juli

juillet

avgust

août

godina - l'année

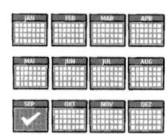

septembar
....
septembre

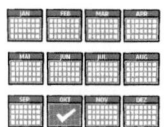

oktobar
....
octobre

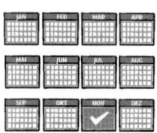

novembar
....
novembre

decembar
....
décembre

krug
....
le cercle

kvadrat
....
le carré

pravougao
....
le rectangle

trougao
....
le triangle

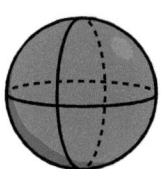

kugla
....
la sphère

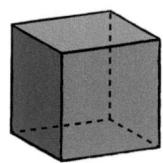

kocka
....
le cube

bela

blanc

žuta

jaune

narandžasta

orange

ružičasta

rose

crvena

rouge

ljubičasta

violet

plava

bleu

zelena

vert

smeđa

marron

siva

gris

crna

noir

mnogo / malo

beaucoup / peu

ljutito / mirno

fâché / calme

lepo / ružno

joli / laid

početak / kraj

le début / la fin

veliko / maleno

grand / petit

svetlo / tamno

clair / obscure

brat / sestra

frère / soeur

čisto / prljavo

propre / sale

potpuno / nepotpuno

complet / incomplet

dan / noć

le jour / la nuit

mrtvo / živo

mort / vivant

široko / usko

large / étroit

jestivo / nejestivo

comestible / incomestible

zlo / dobro

méchant / gentil

uzbuđeno / dosadno

excité / ennuyé

debelo / mršavo

gros / mince

na početku / na kraju

le premier / le dernier

prijatelj / neprijatelj

l'ami / l'ennemi

puno / prazno

plein / vide

tvrdo / mekano

dur / souple

teško / lagano

lourd / léger

glad / žeđ

faim / soif

bolesno / zdravo

malade / sain

ilegalno / legalno

illégal / légal

pametno / glupo

intelligent / stupide

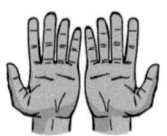

levo / desno

gauche / droite

blizu / daleko

proche / loin

novo / polovno
....
nouveau / usé

ništa / nešto
....
rien / quelque chose

staro / mlado
....
vieux / jeune

uključeno / isključeno
....
marche / arrêt

otvoreno / zatvoreno
....
ouvert / fermé

tiho / glasno
....
faible / fort

bogato / siromašno
....
riche / pauvre

tačno / pogrešno
....
correct / incorrect

hrapavo / glatko
....
rugueux / lisse

tužno / sretno
....
triste / heureux

kratko / dugo
....
court / long

polako / brzo
....
lent / rapide

mokro / suho
....
mouillé / sec

toplo / hladno
....
chaud / froid

rat / mir
....
la guerre / la paix

0

nula

zéro

1

jedan

un / une

2

dva

deux

3

tri

trois

4

četiri

quatre

5

pet

cinq

6

šest

six

7

sedam

sept

8

osam

huit

9

devet

neuf

10

deset

dix

11

jedanaest

onze

12

dvanaest

douze

13

trinaest

treize

14

četrnaest

quatorze

15

petnaest

quinze

16

šestnaest

seize

17

sedamnaest

dix-sept

18

osamnaest

dix-huit

19

devetnaest

dix-neuf

20

dvadeset

vingt

100

stotinu

cent

1.000

hiljadu

mille

1.000.000

milion

le million

engleski

l'anglais

američki engleski

l'anglais américain

mandarinski kineski

le chinois mandarin

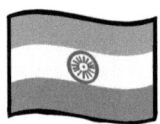

hindski

le hindi

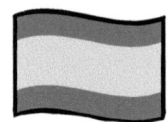

španski

l'espagnol

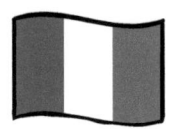

francuski

le français

arapski

l'arabe

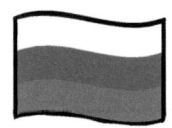

ruski

le russe

portugalski

le portugais

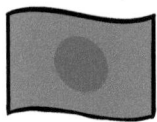

bengalski

le bengali

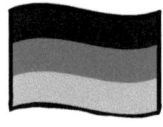

nemački

l'allemand

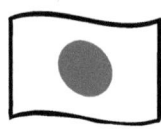

japanski

le japonais

ja

je

ti

tu

on / ona / ono

il / elle / ce, c', cela

mi

nous

vi

vous

oni

ils / elles

Ko?

Qui ?

Šta?

Quoi ?

Kako?

Comment ?

Gde?

Où ?

Kada?

Quand ?

ime

le nom

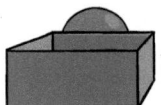

iza

derrière

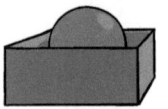

u

dans

ispred

devant

preko

au-dessus

na

sur

ispod

en-dessous

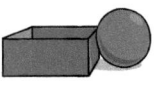

pored

à côté de

između

entre

mesto

le lieu